0001 0002 0003 0004 0005 0006 0007 0008 0009

0010 0011 0012 0013 0014 0015 0016 0017 0018

0019 0020 0021 0022 0023 0024 0025 0026 0027

0028 0029 0030 0031 0032 0033 0034 0035 0036

0037 0038 0039 0040 0041 0042 0043

0044 0045 0046 0047 0048 0049 0050

0051 0052 0053 0054 0055 0056 0057 0058

0059 0060 0061 0062 0063

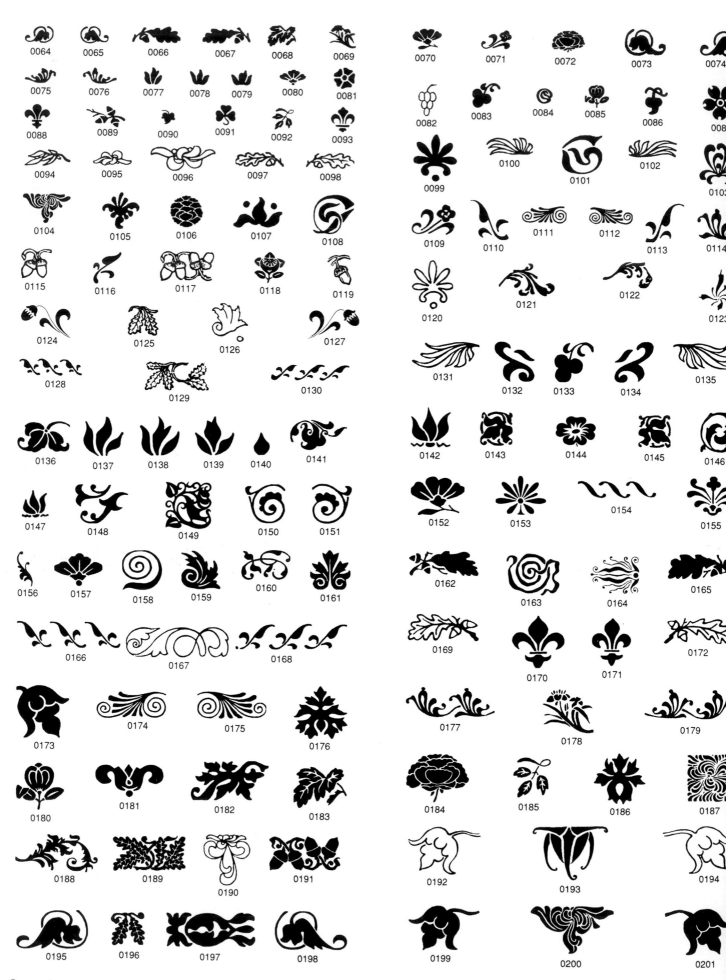

0064 0065 0066 0067 0068 0069 0070 0071 0072 0073 0074

0075 0076 0077 0078 0079 0080 0081 0082 0083 0084 0085 0086 0087

0088 0089 0090 0091 0092 0093 0099 0100 0101 0102 0103

0094 0095 0096 0097 0098 0104 0105 0106 0107 0108 0109 0110 0111 0112 0113 0114

0115 0116 0117 0118 0119 0120 0121 0122 0123

0124 0125 0126 0127 0131 0132 0133 0134 0135

0128 0129 0130 0142 0143 0144 0145 0146

0136 0137 0138 0139 0140 0141 0152 0153 0154 0155

0147 0148 0149 0150 0151 0162 0163 0164 0165

0156 0157 0158 0159 0160 0161 0169 0170 0171 0172

0166 0167 0168 0177 0178 0179

0173 0174 0175 0176 0180 0181 0182 0183 0184 0185 0186 0187

0188 0189 0190 0191 0192 0193 0194

0195 0196 0197 0198 0199 0200 0201

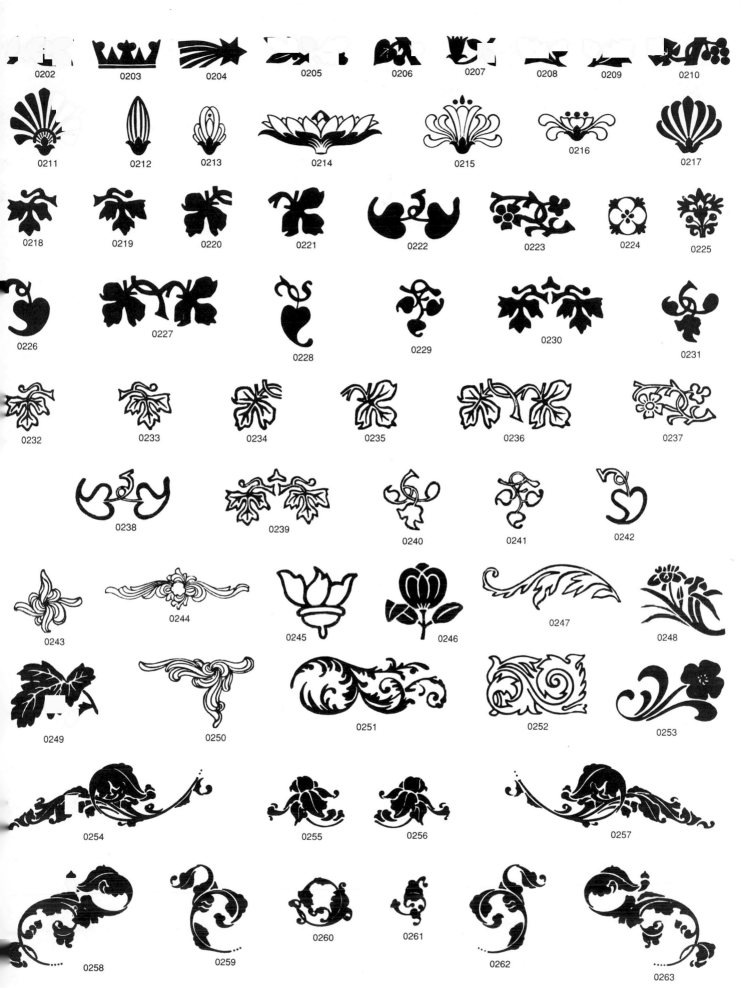

0202 0203 0204 0205 0206 0207 0208 0209 0210

0211 0212 0213 0214 0215 0216 0217

0218 0219 0220 0221 0222 0223 0224 0225

0226 0227 0228 0229 0230 0231

0232 0233 0234 0235 0236 0237

0238 0239 0240 0241 0242

0243 0244 0245 0246 0247 0248

0249 0250 0251 0252 0253

0254 0255 0256 0257

0258 0259 0260 0261 0262 0263

3

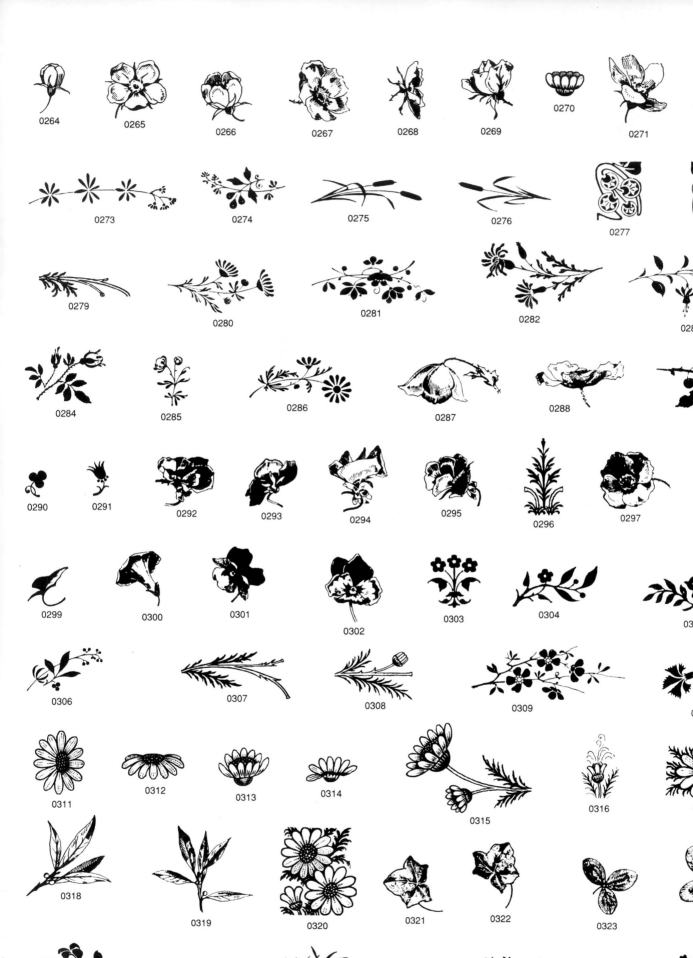

0264 0265 0266 0267 0268 0269 0270 0271 0272

0273 0274 0275 0276 0277 0278

0279 0280 0281 0282 0283

0284 0285 0286 0287 0288 0289

0290 0291 0292 0293 0294 0295 0296 0297 0298

0299 0300 0301 0302 0303 0304 0305

0306 0307 0308 0309 0310

0311 0312 0313 0314 0315 0316 0317

0318 0319 0320 0321 0322 0323 0324

0325 0326 0327 0328 0329

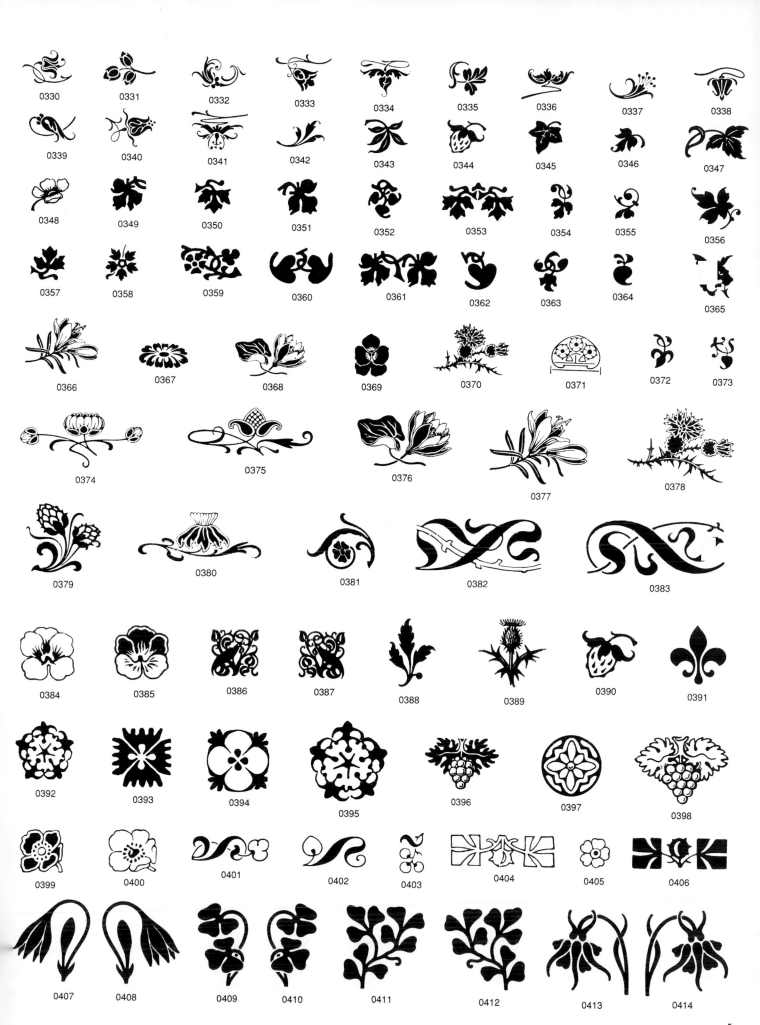

0330 0331 0332 0333 0334 0335 0336 0337 0338

0339 0340 0341 0342 0343 0344 0345 0346 0347

0348 0349 0350 0351 0352 0353 0354 0355 0356

0357 0358 0359 0360 0361 0362 0363 0364 0365

0366 0367 0368 0369 0370 0371 0372 0373

0374 0375 0376 0377 0378

0379 0380 0381 0382 0383

0384 0385 0386 0387 0388 0389 0390 0391

0392 0393 0394 0395 0396 0397 0398

0399 0400 0401 0402 0403 0404 0405 0406

0407 0408 0409 0410 0411 0412 0413 0414

5

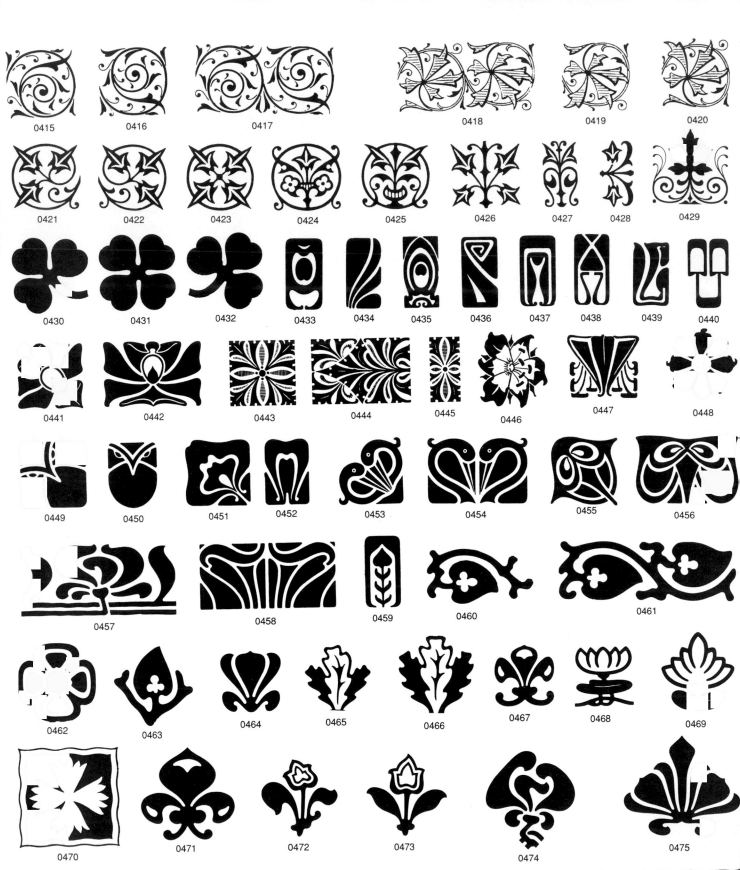

0415 0416 0417 0418 0419 0420

0421 0422 0423 0424 0425 0426 0427 0428 0429

0430 0431 0432 0433 0434 0435 0436 0437 0438 0439 0440

0441 0442 0443 0444 0445 0446 0447 0448

0449 0450 0451 0452 0453 0454 0455 0456

0457 0458 0459 0460 0461

0462 0463 0464 0465 0466 0467 0468 0469

0470 0471 0472 0473 0474 0475

0476 0477 0478 0479 0480 0481

6

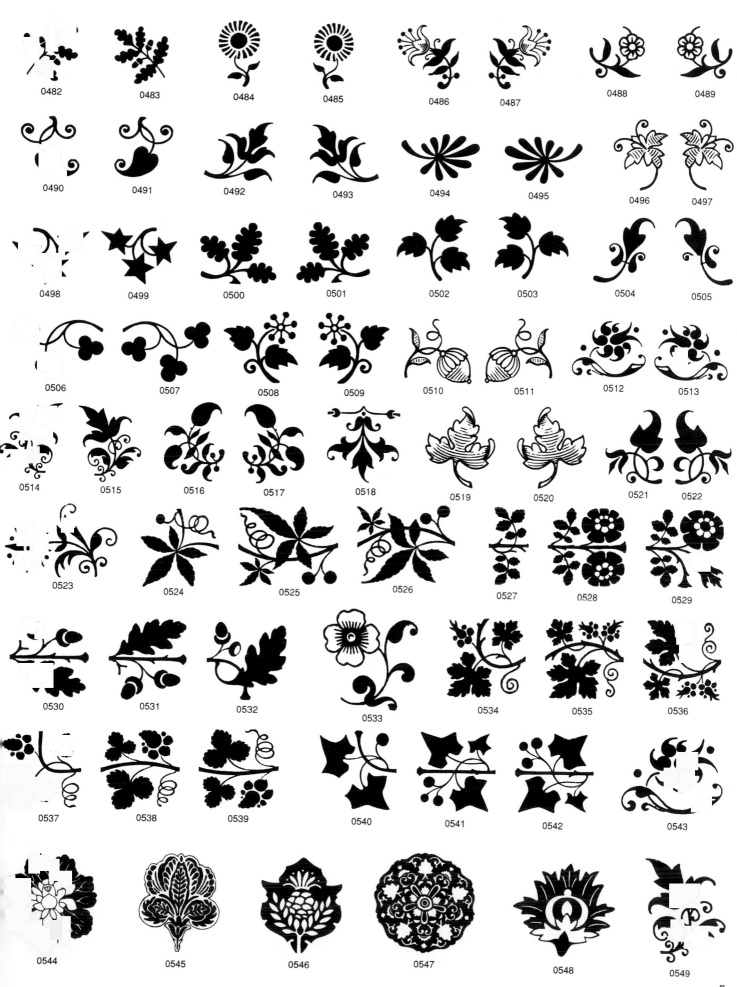

0482

0483

0484

0485

0486

0487

0488

0489

0490

0491

0492

0493

0494

0495

0496

0497

0498

0499

0500

0501

0502

0503

0504

0505

0506

0507

0508

0509

0510

0511

0512

0513

0514

0515

0516

0517

0518

0519

0520

0521

0522

0523

0524

0525

0526

0527

0528

0529

0530

0531

0532

0533

0534

0535

0536

0537

0538

0539

0540

0541

0542

0543

0544

0545

0546

0547

0548

0549

7

0550

0551

0552

0553

0554

0555

0556

0557

0558

0559

0560

0561

0562

0563

0564

0565

0566

0567

0568

0569

0570

0571

0573

0574

0575

0576

0577

0578

0579

0580

0581

0582

0583

0584

0585

0586

0587

0588

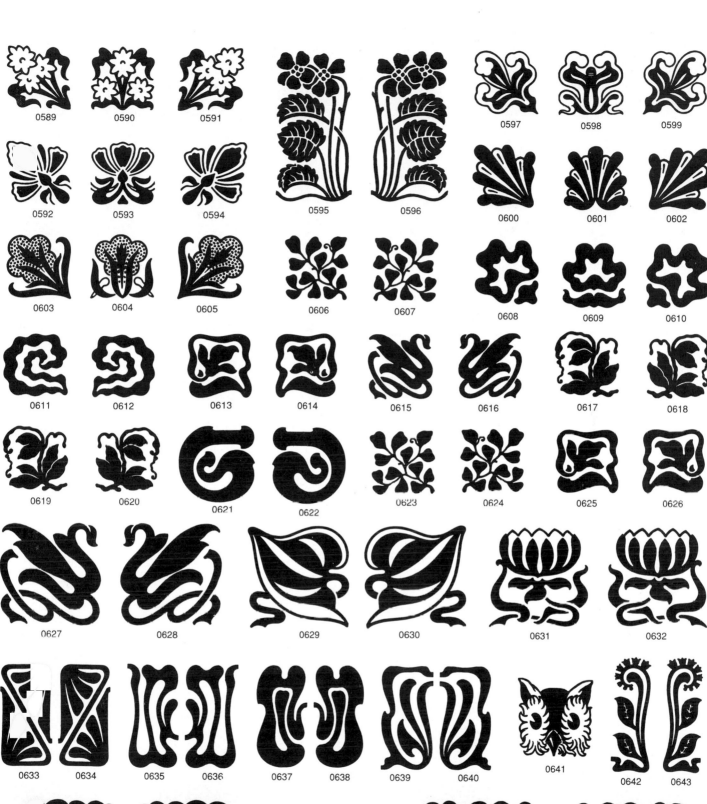

0589 0590 0591 0595 0596 0597 0598 0599

0592 0593 0594 0600 0601 0602

0603 0604 0605 0606 0607 0608 0609 0610

0611 0612 0613 0614 0615 0616 0617 0618

0619 0620 0621 0622 0623 0624 0625 0626

0627 0628 0629 0630 0631 0632

0633 0634 0635 0636 0637 0638 0639 0640 0641 0642 0643

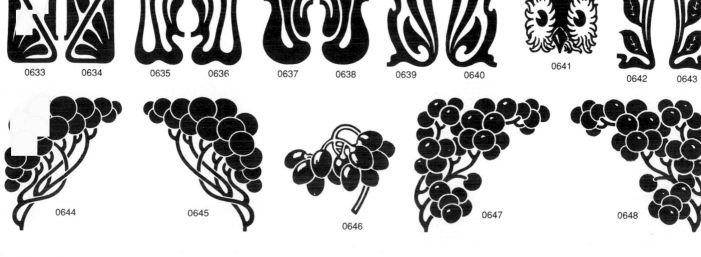

0644 0645 0646 0647 0648

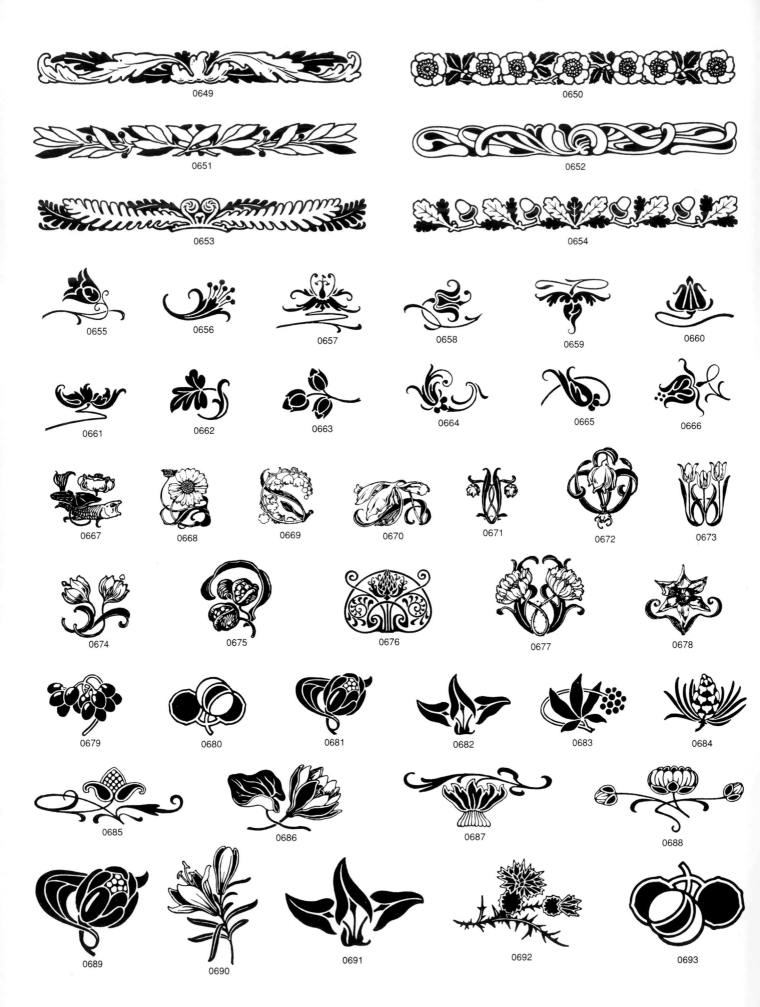

0649

0650

0651

0652

0653

0654

0655

0656

0657

0658

0659

0660

0661

0662

0663

0664

0665

0666

0667

0668

0669

0670

0671

0672

0673

0674

0675

0676

0677

0678

0679

0680

0681

0682

0683

0684

0685

0686

0687

0688

0689

0690

0691

0692

0693

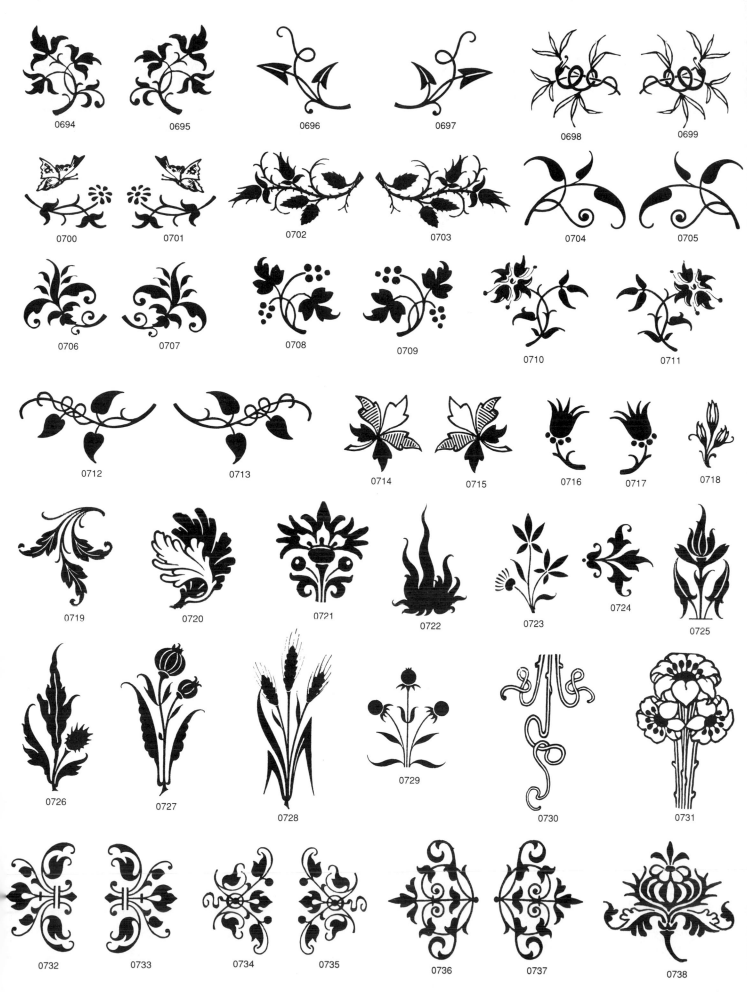

0694

0695

0696

0697

0698

0699

0700

0701

0702

0703

0704

0705

0706

0707

0708

0709

0710

0711

0712

0713

0714

0715

0716

0717

0718

0719

0720

0721

0722

0723

0724

0725

0726

0727

0728

0729

0730

0731

0732

0733

0734

0735

0736

0737

0738

11

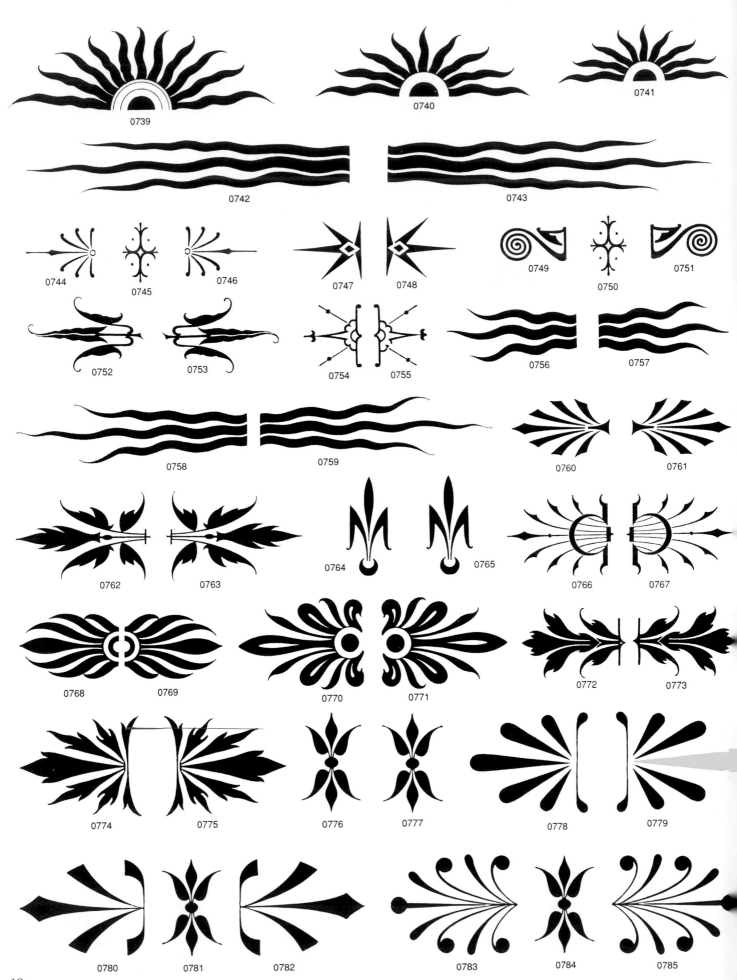

0739 0740 0741 0742 0743 0744 0745 0746 0747 0748 0749 0750 0751 0752 0753 0754 0755 0756 0757 0758 0759 0760 0761 0762 0763 0764 0765 0766 0767 0768 0769 0770 0771 0772 0773 0774 0775 0776 0777 0778 0779 0780 0781 0782 0783 0784 0785

12

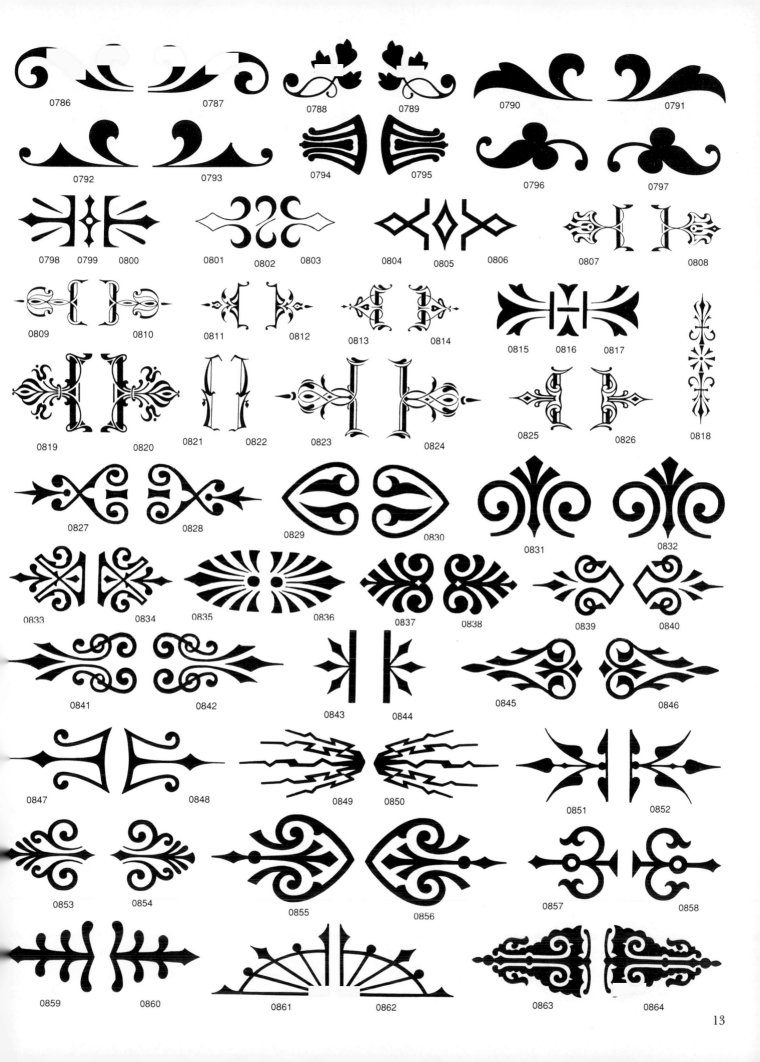

0786 0787 0788 0789 0790 0791

0792 0793 0794 0795 0796 0797

0798 0799 0800 0801 0802 0803 0804 0805 0806 0807 0808

0809 0810 0811 0812 0813 0814 0815 0816 0817 0818

0819 0820 0821 0822 0823 0824 0825 0826

0827 0828 0829 0830 0831 0832

0833 0834 0835 0836 0837 0838 0839 0840

0841 0842 0843 0844 0845 0846

0847 0848 0849 0850 0851 0852

0853 0854 0855 0856 0857 0858

0859 0860 0861 0862 0863 0864

13

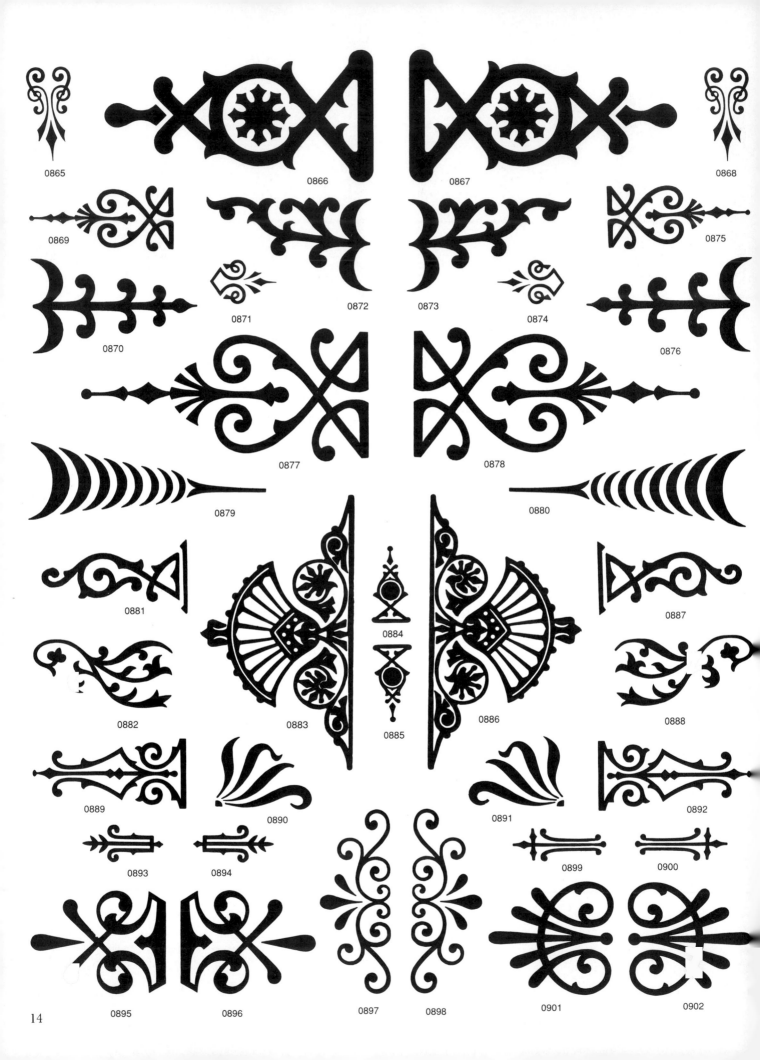

0865   0866   0867   0868

0869   0875

0870   0871   0872   0873   0874   0876

0877   0878

0879   0880

0881   0884   0887

0882   0883   0885   0886   0888

0889   0890   0891   0892

0893   0894   0899   0900

14   0895   0896   0897   0898   0901   0902

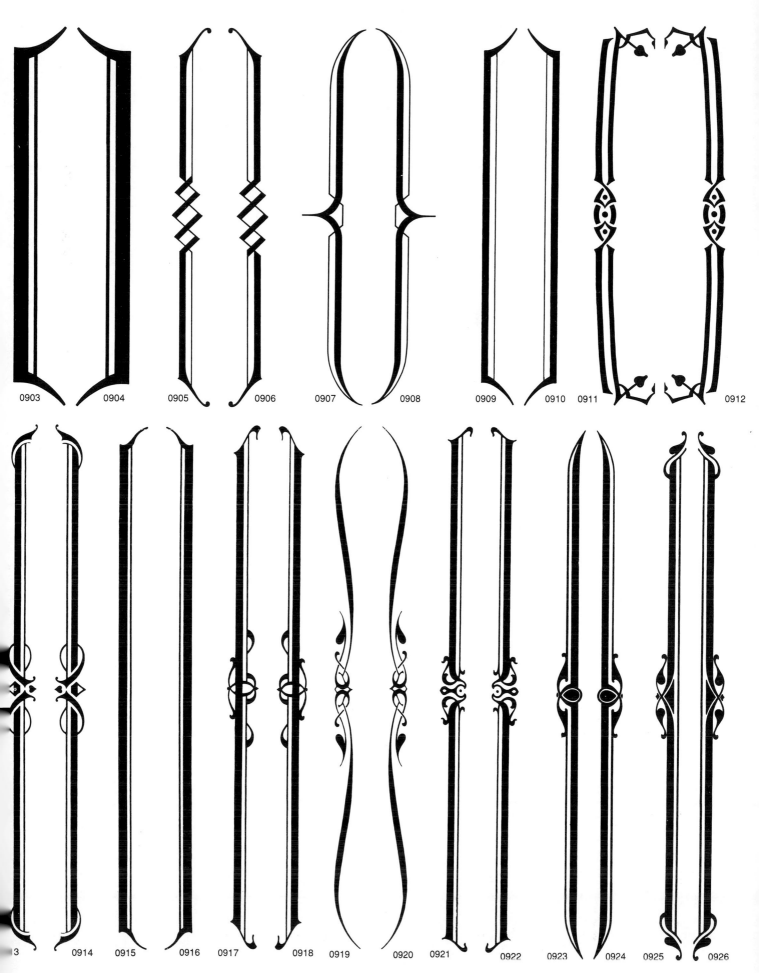

0903 0904 0905 0906 0907 0908 0909 0910 0911 0912

0914 0915 0916 0917 0918 0919 0920 0921 0922 0923 0924 0925 0926

15

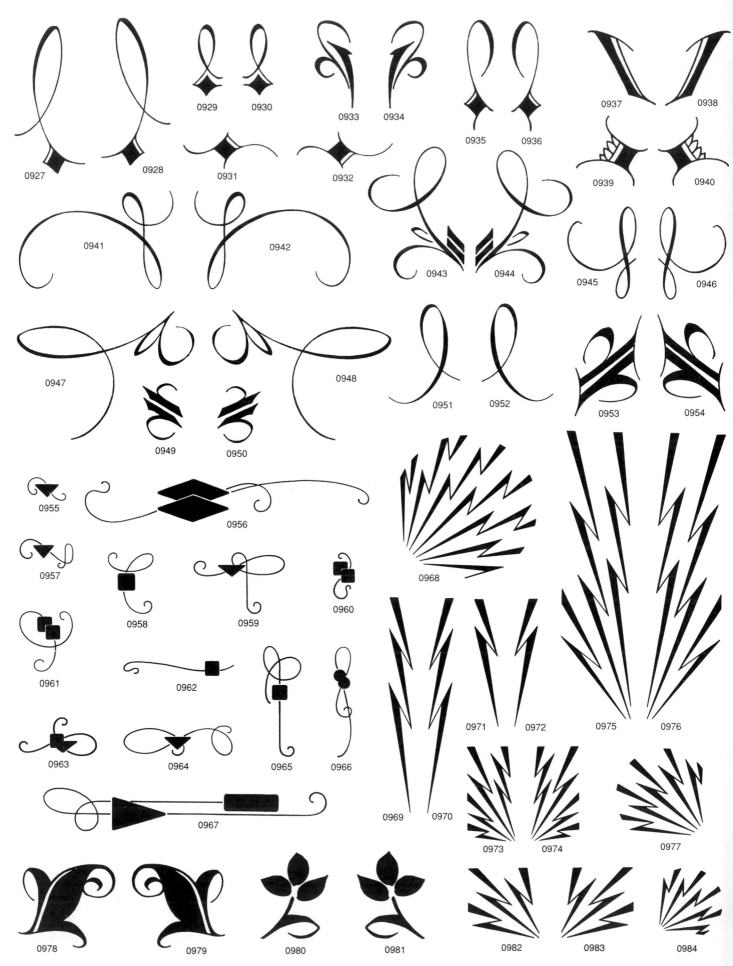

16

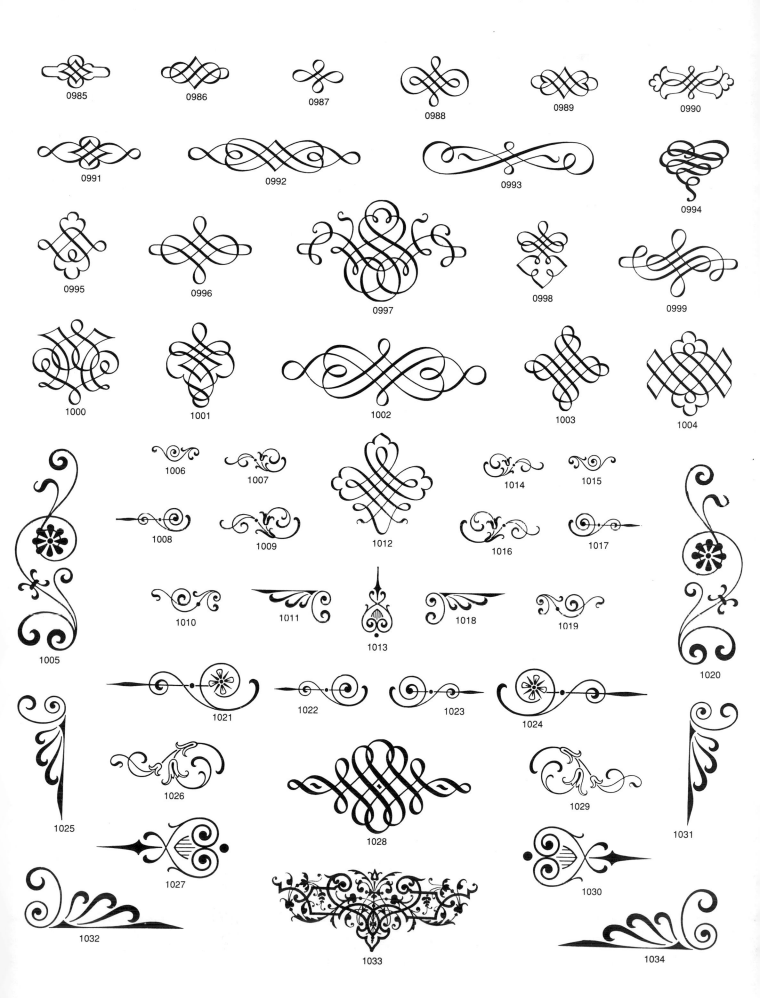

0985 0986 0987 0988 0989 0990

0991 0992 0993 0994

0995 0996 0997 0998 0999

1000 1001 1002 1003 1004

1005 1006 1007 1014 1015

1008 1009 1012 1016 1017

1010 1011 1018 1019

1013

1020

1021 1022 1023 1024

1025 1026 1028 1029

1031

1027 1030

1032 1033 1034

17

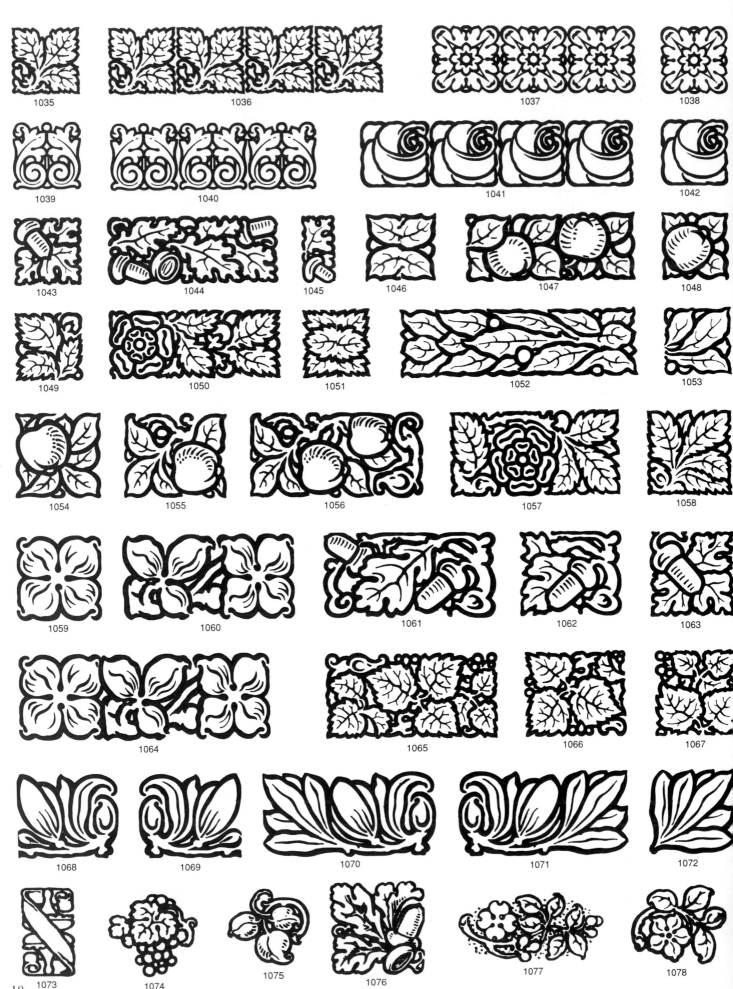

1035 1036 1037 1038
1039 1040 1041 1042
1043 1044 1045 1046 1047 1048
1049 1050 1051 1052 1053
1054 1055 1056 1057 1058
1059 1060 1061 1062 1063
1064 1065 1066 1067
1068 1069 1070 1071 1072
1073 1074 1075 1076 1077 1078

18

1079 1080 1081 1082 1083 1084

1085 1086 1087 1088 1089 1090 1091

1092 1093 1094 1095

1096 1097 1098

1099 1100 1101 1102 1103 1104

1105 1106 1107 1108 1109 1110

1111 1112 1113 1114 1115 1116

1117 1118 1119 1120 1121

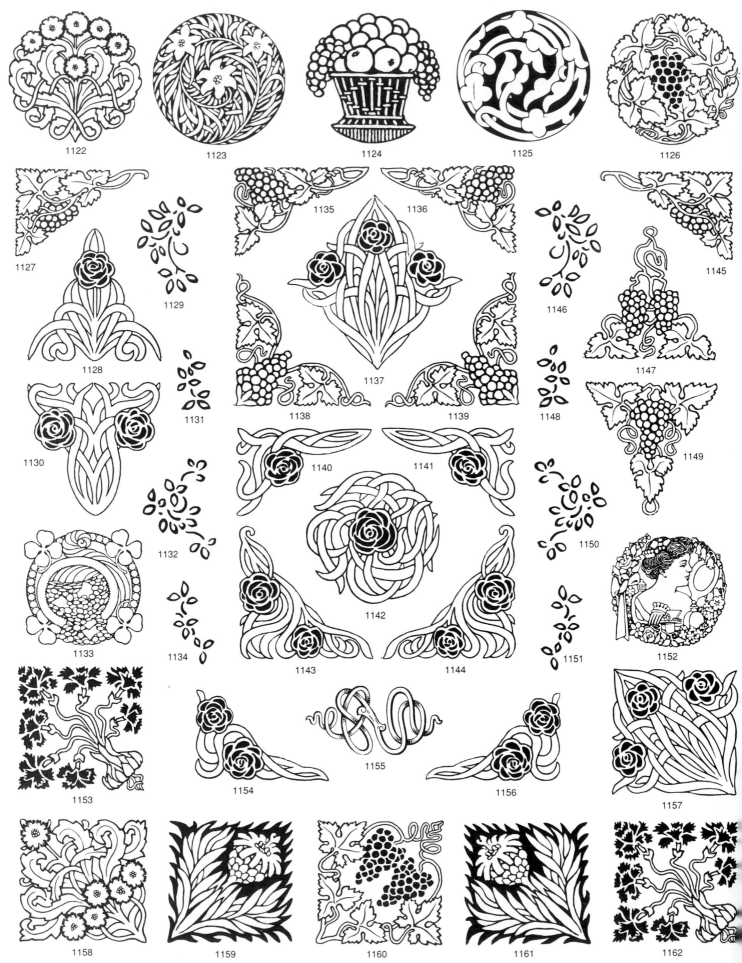

1122 1123 1124 1125 1126
1127 1135 1136 1145
1129 1146
1128 1137
1130 1131 1147
1138 1139 1148 1149
1132 1140 1141
1133 1134 1142 1150
1143 1144 1151 1152
1153 1154 1155 1156 1157
1158 1159 1160 1161 1162

20

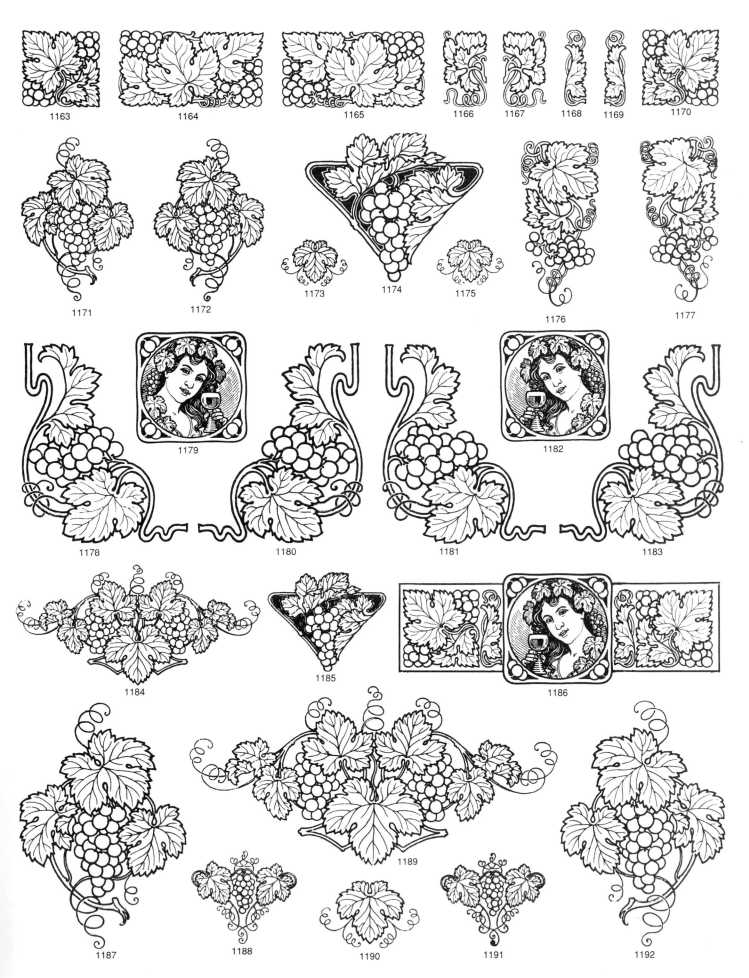

1163 1164 1165 1166 1167 1168 1169 1170

1171 1172 1173 1174 1175 1176 1177

1178 1179 1180 1181 1182 1183

1184 1185 1186

1187 1188 1189 1190 1191 1192

21

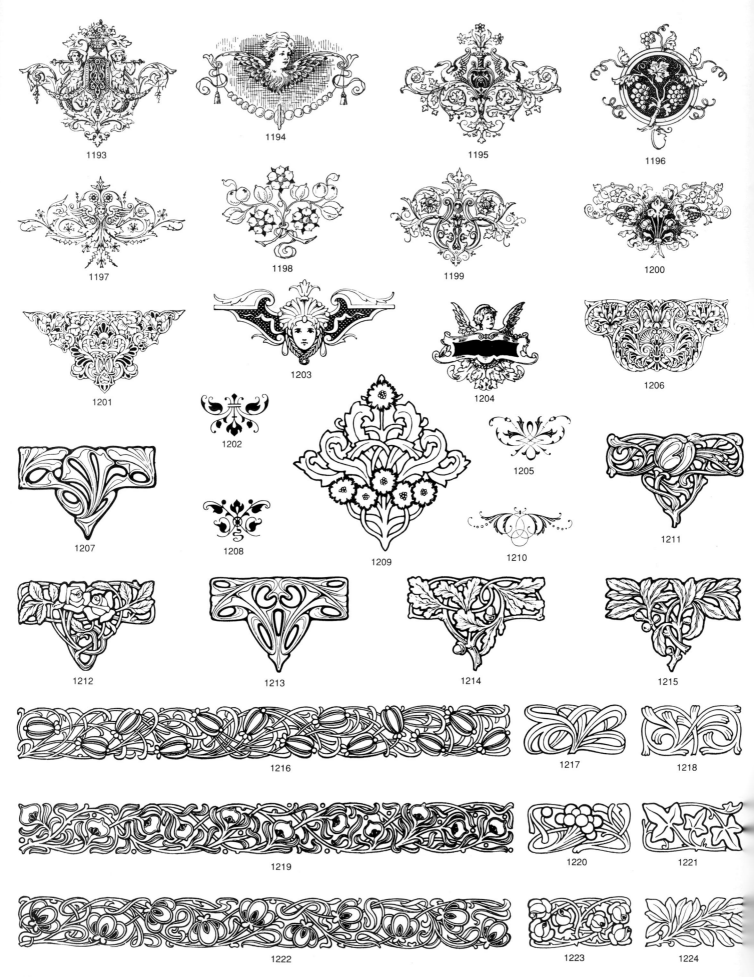

1193

1194

1195

1196

1197

1198

1199

1200

1201

1203

1204

1206

1202

1209

1205

1207

1208

1210

1211

1212

1213

1214

1215

1216

1217

1218

1219

1220

1221

1222

1223

1224

22

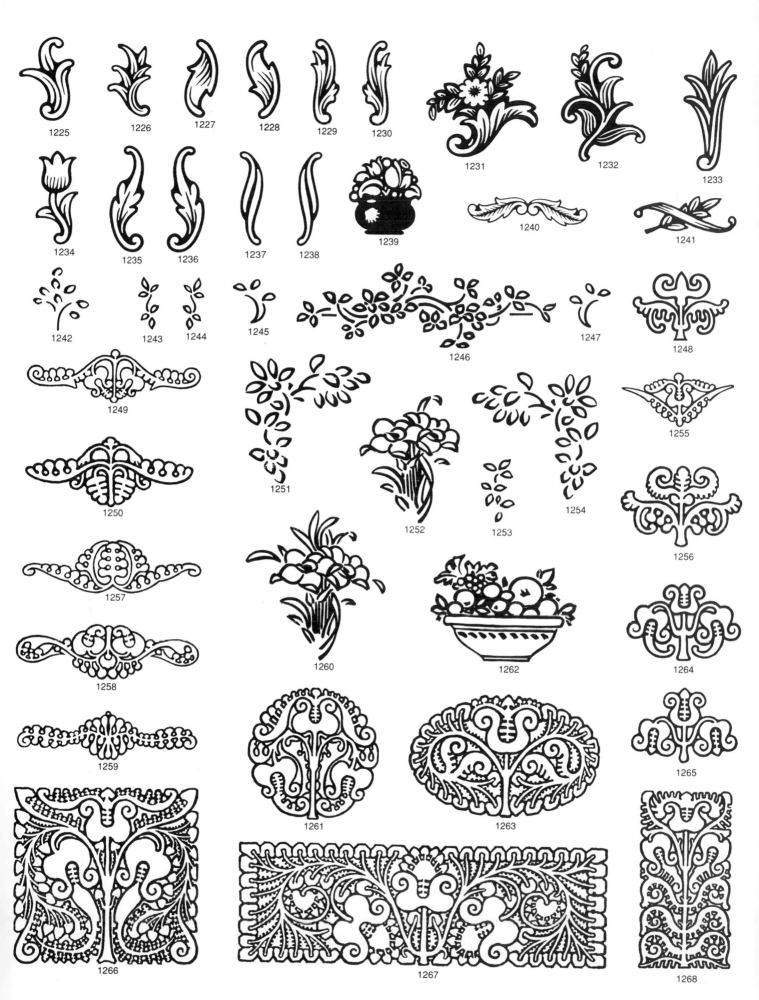

1225 1226 1227 1228 1229 1230 1231 1232 1233

1234 1235 1236 1237 1238 1239 1240 1241

1242 1243 1244 1245 1246 1247 1248

1249 1250 1251 1252 1253 1254 1255 1256

1257 1258 1259 1260 1261 1262 1263 1264 1265

1266 1267 1268

23

1269

1271

1272

1273

1274

1275

1276

1277

1270

1279

1280

1281

1282

1278

1284

1285

1286

1287

1283

1288

1296

1290

1292

1294

1289

1291

1293

1295

1297

24

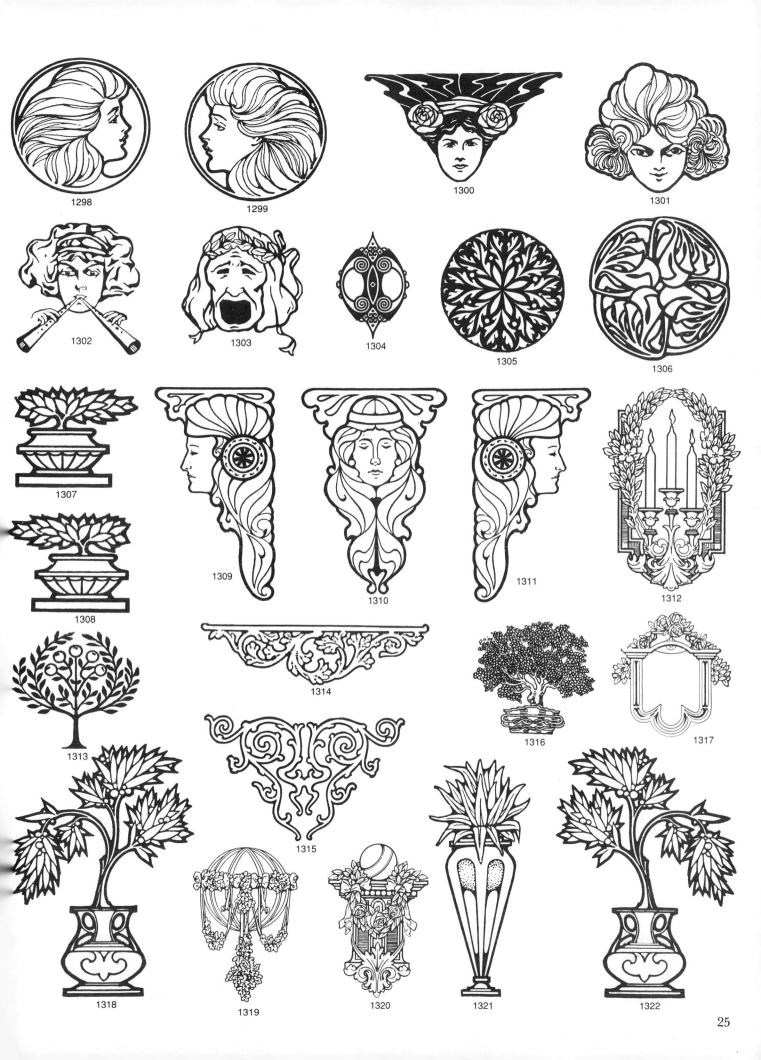

1298   1299   1300   1301

1302   1303   1304   1305   1306

1307   1309   1310   1311   1312

1308

1313   1314   1316   1317

1315

1318   1319   1320   1321   1322

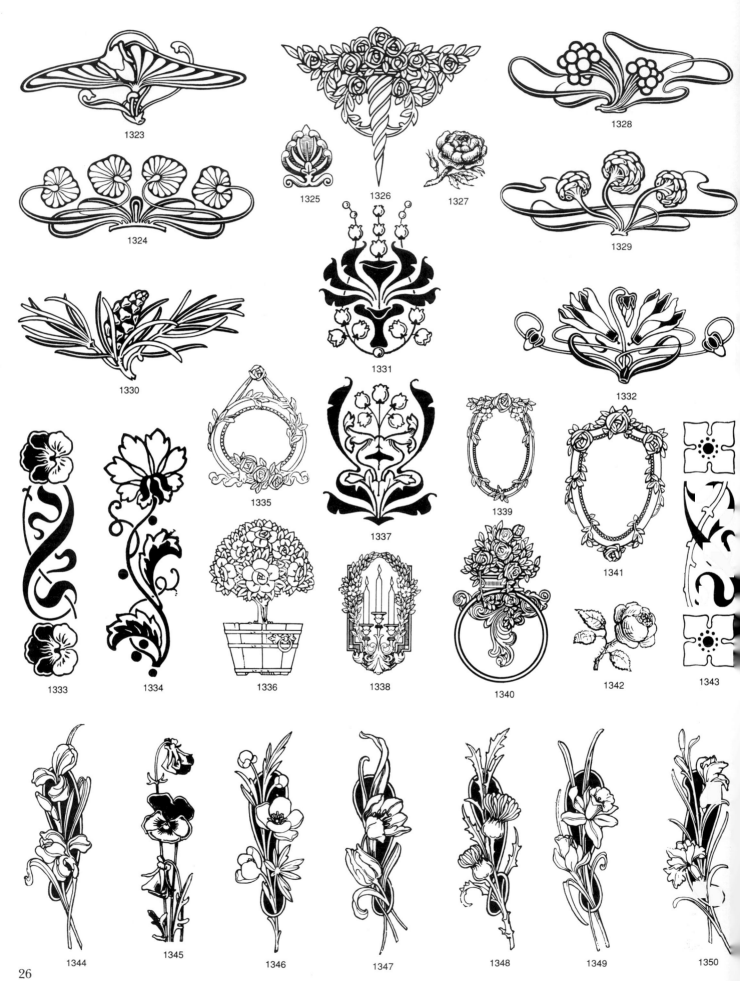

1323

1324

1325 1326 1327

1328

1329

1330 1331 1332

1333 1334 1335 1337 1339 1341

1336 1338 1340 1342 1343

1344 1345 1346 1347 1348 1349 1350

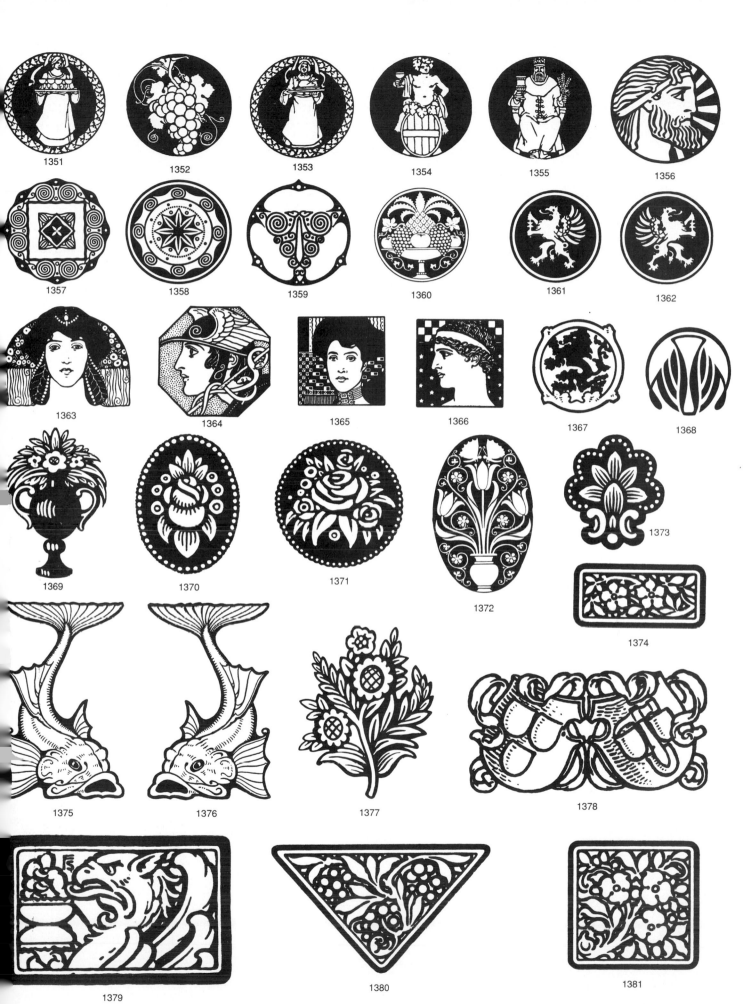

1351   1352   1353   1354   1355   1356

1357   1358   1359   1360   1361   1362

1363   1364   1365   1366   1367   1368

1369   1370   1371   1372   1373

1374

1375   1376   1377   1378

1379   1380   1381

1382

1383

1384

1385

1386

1387

1388

1389

1390

1391

1392

1393

1394

1395

1396

1397

1398

1399

1400

1401

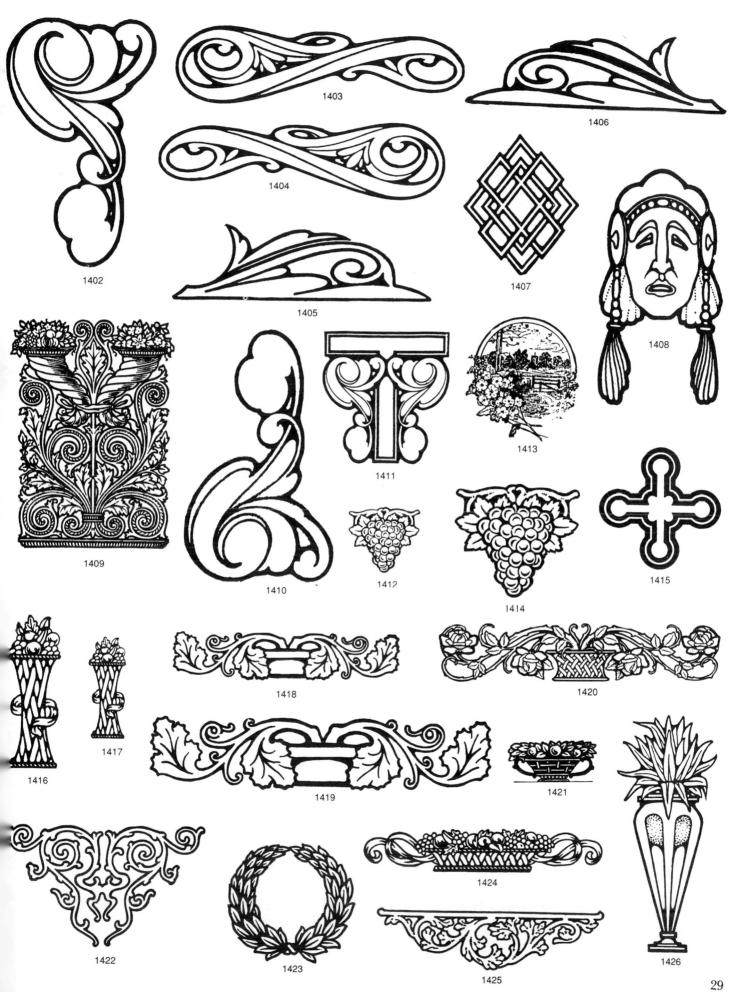

1402

1403

1404

1405

1406

1407

1408

1409

1410

1411

1412

1413

1414

1415

1416

1417

1418

1419

1420

1421

1422

1423

1424

1425

1426

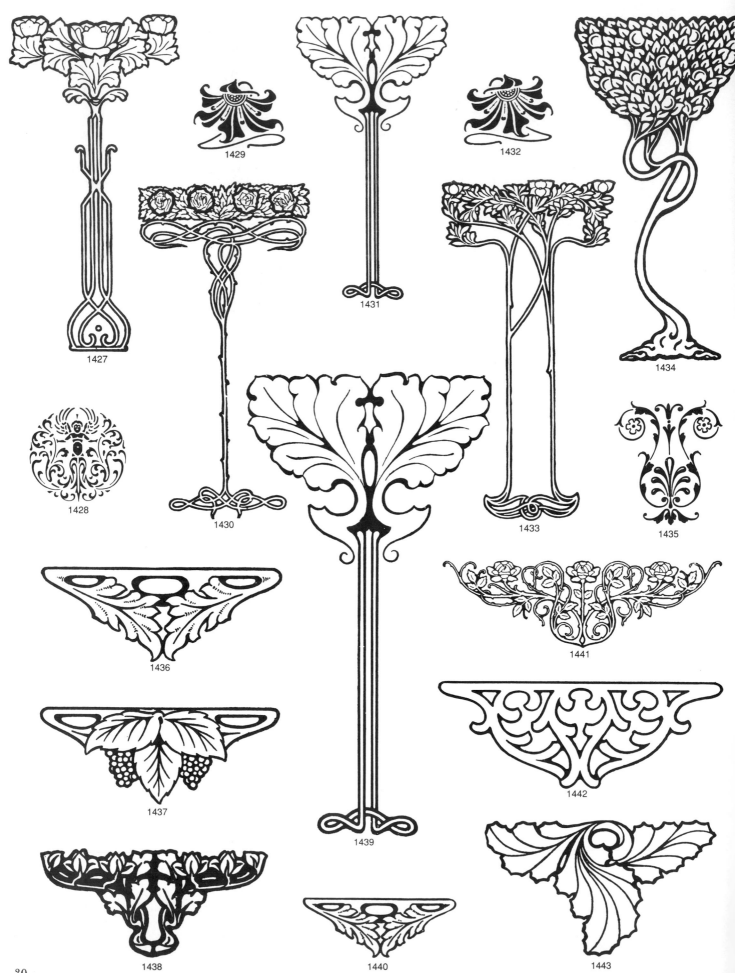

1427

1428

1429

1430

1431

1432

1433

1434

1435

1436

1437

1438

1439

1440

1441

1442

1443

30

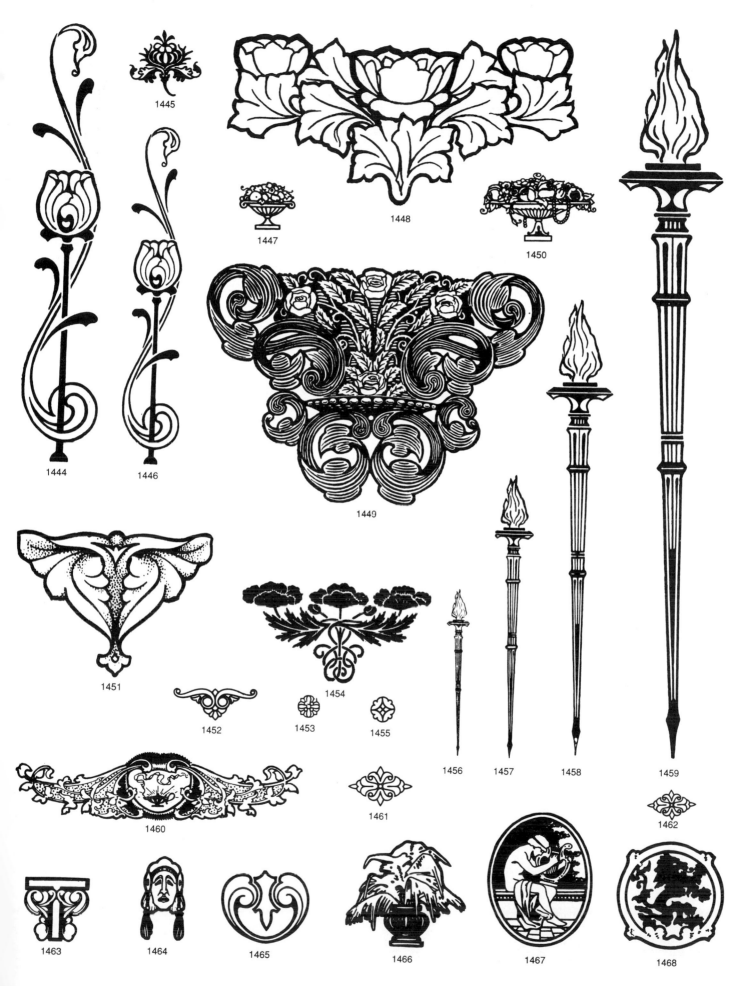

1445

1448

1447

1450

1444

1446

1449

1459

1451

1454

1452

1453

1455

1456 1457 1458 1459

1461

1462

1460

1463 1464 1465 1466 1467 1468

31

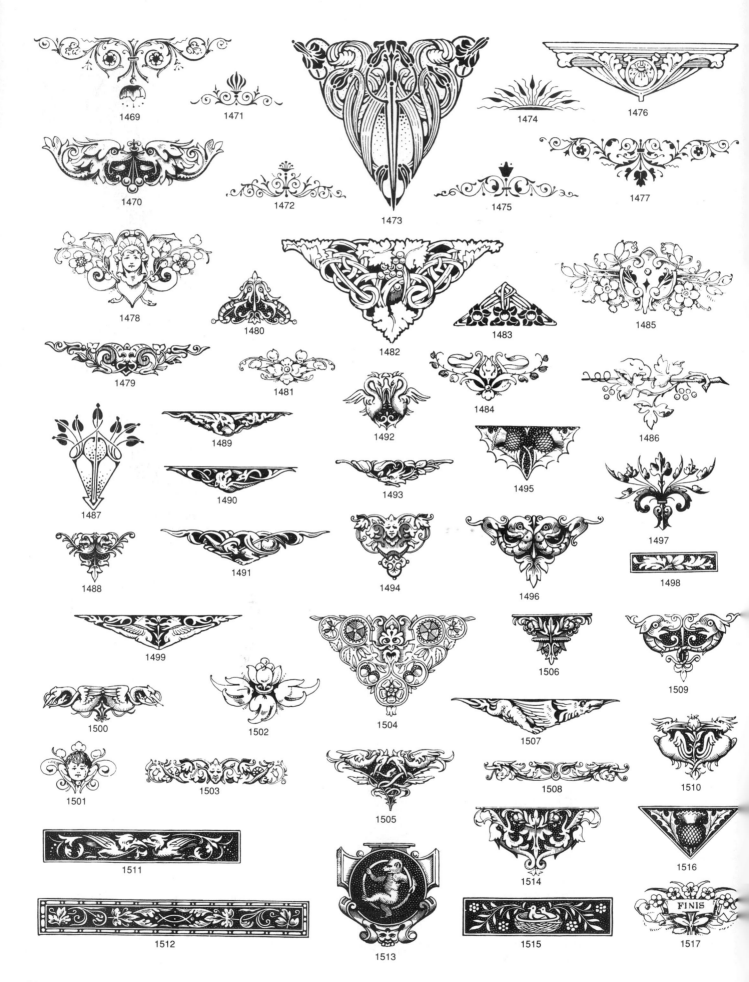

1469   1471

1470   1472   1473   1474   1476

1475   1477

1478   1480   1482   1483   1485

1479   1481   1484   1486

1487   1489   1492   1495

1490   1493   1497

1488   1491   1494   1496   1498

1499   1504   1506   1509

1500   1502   1507

1501   1503   1505   1508   1510

1511   1514   1516

1512   1513   1515   1517